Año de nieves

José A. Ureba

Aliarediciones

Corrección: Eladia Guerrero
Ilustración de cubierta: *Sit*. F. H. Flood.
Maquetación: Aliar Ediciones

Depósito Legal: GR 946-2024
ISBN: 978-84-10374-34-8

Impreso en España

Edita
ALIAR Ediciones
www.aliarediciones.es
info@aliarediciones.es

Año de nieves

José A. Ureba

No me entregues,
tristísima medianoche,
al impuro mediodía blanco.

Alejandra Pizarnik

Lo de menos son los ojos abiertos
o cerrados, o un presagio de flores
en tus manos de niebla vacilante.
No importa que tus huellas de cristal
aborden otra vez, y van tantas,
las ávidas grietas de mi absurda madrugada.

> Tú surges siempre de la nada,
> tú alimentas senderos de agua.

No importa que te acerques a decirme
que el amor existe aún, que se extiende,
tal vez en mil formas inciertas...
tal vez solo por tus hombros silbantes,
como la rama de un árbol que danza;
o que todo lo somete a su fin
el hedor de las batallas perdidas.

> Seas, amor, aroma, fe, deseo
> o seas forma, mano o labio fluido,
> yo soy por ti, no contigo ni en ti.

Yo sé del mar dócil y blanquecino que habitas,
donde las olas entrañan el tiempo
rígido que reclama las voces de la arena.

Pero también sé que te debes
a la sombra de luna de la espuma,
a la curva de su órbita insurgente,
a su apetito quebrado y a su vómito ciego.

Sueño I

Hay gente en las aceras, pero nadie nos mira;
la calle es y no es, declina y se ofrece,
un medio camino ciego y otro medio
que no conduce a ningún sitio.
El tiempo alterna en pasado y futuro,
ocurre en abismos intermitentes,
igual que el parpadeo del semáforo.
Mis gestos se nutren de dudas ámbar
en el paso de peatones,
donde desapareces y te asomas.

Me cruzo contigo y pongo mi mano
desinhibida en tu abrupta cintura.
La calle celeste empieza a expandirse
igual que el cielo en los espejos rotos.
Me apropio de tus pies y su reguero
y un sueño incoloro despliega mi mapa.

Tu labio es de carne y de aire ligero.
Camino y me detengo, hay amor y rabia
en mi mano alta y, al tiempo, lejana,
y en la tuya, real y de sábana perfumada.
Dejo de ser y respiro por tu aliento erguido.

Se suceden tormentas de algodones
que alternas con la noche de tu cuello.

Mi paso es firme cuando tu olor blanco,
y cuando no, tu curso de asfalto me contagia
y me fundo en sus cenizas sonámbulo.

He venido a contemplar el largo atardecer
sobre el horizonte húmedo de octubre
y de la mar tendida y ajena
al asfalto y al bostezo de las piedras.
Pero nada me habla de ti esta tarde,
salvo un sepulcro de papel doblado.
Ni la arena
            ni el agua salada
                        ni mi camisa en la orilla, difusa,
como ven los faros los miopes,
ni el dolor del viento en las rocas.

Tu imagen es casi un eco, menguada.
Releo tu carta de despedida
y ocurre lo peor:
cuando poso mis ojos en tu letra,
cuando recreo tu voz y tus pausas,
tomo verdadera conciencia
y veo pájaros en pleno vuelo,
que me recuerdan que está por llegar el invierno.

            No sé si esta soledad invasora
            es condición inherente de mi alma
            o si es solo la metódica esencia del tiempo
            que no logro entender sino abatido de agujas.

En la orilla, la espuma hace su trabajo cotidiano:
creí que me invitaba al sueño,
a sus espirales crecientes,
al tibio centro en que su luz se funde...
Pero no.
Me aborda con su cara taladrada,
me envuelve con el sigilo pagano
de una serpiente blanquecina
y ancla mis tobillos a la arena mojada
con su apremiante y sutil suplantación de cemento.

«¡Ah de la vida!»... ¿Nadie me responde?
Francisco de Quevedo

¡Ah de la casa! Nadie me responde.
Grito para nada. Nadie responde.
Este enero es tan largo
como el silencio de un alma abatida.
Esta casa maldita
es un olimpo abandonado.
Los dioses abdicaron de sus sueños
y hay dos filas de ángeles exiliados.

Grito y nadie responde.
Me llega un eco apenas gris y frío,
los despojos de mi yo solitario,
hecho añicos como el sol en la nieve,
o la antigua e inútil fe de un cadáver.

Ahora que estoy solo en el polvo
ante mí mismo,
ahora que un cristal de cemento
me devuelve lo que soy de verdad
y la voz de lo eterno con mayúsculas
sentencia la derrota y los escombros,
ahora es el momento
de dar el oído al vientre del tiempo
y escuchar su lamento inapelable.

La peor tierra revela secretos:
surgen túmulos infinitos
que han de acoger a tantos muertos,
huesos huecos, efímeros e inciertos.

Prefiero este otoño conciso,
pertinaz, impuesto y nocturno
de tardes que existen apenas como recuerdos,
a la sombra que se alarga inútilmente,
como de primavera, hasta la noche
para ser más sombra, para ser nada.

Prefiero que seas total ausencia,
a los repetidos anuncios
de entusiasmo que los acantilados divulgan.
Que no estés más, a las mareas
o la luna nueva, a un velado
crepúsculo pastel y mortecino.

Prefiero el instante efímero
en el que lo que sea, sea,
como el frío al abrigo en tu espalda,
y lo que no fue o no tenga que ser,
que no sea de ninguna manera.

Prefiero un aire irrespirable,
una casa incendiada y abandonada,
un silencio irreversible, quirúrgico,
a que tu abrazo se interrumpa y vuelva,
a una tregua intermedia de tu voz
o a que tu pecho sea, como ahora,
solo un campo baldío que susurra.

Las farolas jadean y se ahogan
igual que mártires en sangre ajena.
La calle oscura se convierte en una
angosta calamidad de silencio.

Yo solo encuentro sentido en el agua
ahora fría, ahora opaca y densa
como el hierro de las alcantarillas.
Me viene grande la velocidad de la tierra,
de las orugas y de los sapos distraídos.

Sé que tú no existes, como no existe
en los sueños la sal del mar,
los contornos, la luz o el tiempo.

Un viento blanco arrecia en las esquinas,
clavo las uñas en ondas de polvo
y me agarro a este verso inhóspito,
que unas veces es sendero de azufre,
otras, acaso, ceniza de huesos,
y otras una mentira...

que ahora deja de serlo.

He visto que en Ciudad del Cabo
las verdades giran atónitas
en el desagüe del lavabo,
igual que en el hemisferio norte,
pero se vierten en sentido inverso.
Luego es el mismo eructo de murciélago.

Conozco la selva amazónica a fondo;
la he recorrido palmo a palmo
con camisa caqui y pantalón corto.
Los nativos llaman a sus grutas y cascadas
guiño de dioses y pudor de demonios
y conocen de memoria la fauna salvaje,
si está dormida.
La distancia más corta entre dos puntos
no es nunca una línea recta ni sólida
—allí no sirven los mapas ni la Osa
ni la sombra que proyecta un árbol a mediodía—
sino de agua, de cristal o cuchillo.

En biplano, gafas de aviador, bufanda al aire,
sobrevolé las cumbres de Europa y Asia,
donde las ciencias son como brocas en el alma,
y las rutas, vistas desde el aire, son de seda.

Todo eso, que no es poco, yo lo he visto y lo sé.

Pero luego está todo lo demás.
Hay tantas cosas que no alcanzo,
tanto que nunca he visto,
tanto que no sé ni comprendo...
Y es una pena, porque tengo la certeza
de que lo que escapa a mi entendimiento
es lo más importante.

No sé cómo se comportan tu boca
o tu mano en noviembre, por ejemplo;
o cómo haces para esquivar las lanzas
espesas de la sobremesa
y marcharte ligera a tus bosques frecuentes;
ni entiendo cómo es que haces un gesto expansivo,
un movimiento desapercibido
con tus dedos y, sin pausa,
como si fuera tuyo el universo,
te conviertes en el pálpito
irreversible que todo lo mueve.

Tu espalda, aparentemente feliz,
deja una sombra difusa en la arena
cuando te alejas.
Cierro otra vez en silencio los ojos.
Conozco la dirección de tu rastro.

Conozco este viento salado y, a ratos,
los nudos de calcio que hurtan las olas
a la luna de espejos minerales.

Por donde tú has caminado me entiendo
a mí mismo y entiendo el universo.

Apenas está empezando la milésima noche
después de ti y el cielo está roto solo a poniente.
Pienso las huellas que dejan tus pasos
y cuento los granos de esta arena húmeda,
prehistórica y frecuente.

Calibro en mis adentros
la dimensión alargada de tu alma
y hasta dónde alcanza
la flexión de tus tobillos cuando te marchas.

Apenas está empezando esta otra noche
y no eres sino el espacio de tus pasos viejos,
el lugar que ya no ocupas,
un sueño cóncavo pero real,
como es real la estrella que veo y que no existe.

Gira el ventilador en el techo, sigiloso,
en la tarde anárquica del verano.
El otoño es un lánguido deseo,
por momentos, ni eso siquiera.
El horizonte engulló al mar
y sus creencias infundadas.

Me alcanza solo la expansión
irreal de tu aire ondulante
en los ojos espesos y amarillos
de este remolino de aire impreciso.
De nadie retorna otra vez mi abrazo
y vuelvo a mi esencia de aspa y zumbido.

Una soledad blanquecina,
exiliada, relame la pared de mi cuarto.
Dentro de mi mirada ciega
tú adquieres la forma de mi deseo,
un rastro que desaparece
mudo sobre el terrazo intempestivo.

Se torna la tarde como se torna
en nada, imperceptiblemente,
todo y abre cicatrices la memoria;
silbo letras desesperadas del alfabeto
que fluye del largo caudal del techo.

Y lo que no es, empieza a ser.
Y lo que es, se convierte en aire.

En esta isla desierta no hay palmeras
cuyas hojas proyecten transparencias
ni fuego que arrase los matorrales
o nieve subida a los montes.

Es tan mínima y ridícula la isla,
que apenas la rodean entera
el agua o el aire sin tocarse,
y no llegan mensajes en botellas,
ni aviones con hélices cenitales.

No hay sol, ni lluvia, ni por las noches hay luna;
en realidad, no hay noche,
ni sol a mediodía que deslumbre.
No la circundan los dos o tres
habituales tiburones insomnes
que resquebrajan la plácida orilla
con la incertidumbre de sus aletas.

Esta isla apenas cuenta con un náufrago triste,
de sucias barbas y melena larga
que, con dedo torpe, esbozó en la arena
un ese o ese ilegible,
hecho de ramas y restos de nada,
con letras desiguales, que es
el ansia loca de su salvación.

Y mientras eso ocurre, que no ocurrirá,
recorre una vez y otra
con los mismos pies, con sus mismas huellas
por la misma senda narcotizada,
una isla que viene a ser tan pequeña
que apenas le da para ser desierta,
y en la que solo es cierta la isla.

¡Qué alegría más grande
vivir en los pronombres!

Pedro Salinas
La voz a ti debida

Tú. Quiero que tú seas solo tú,
que seas tu caminar claro
más que tus propios pasos.
Ni un lugar o una calle que te traigan
ni la autovía por la que te marches.

Que seas lo que es tu esencia,
sin acentos, ni tiempo, ni designios,
ni hija ni madre de nada, de nadie;
que seas el mismo lugar de tu órbita
donde surges y al que retornas,
solo el tú en que toda tú existes
fugaz, extensa, instante, cierta (y eterna).

Aquiles, el de los pies ligeros

Cierro los puños, me muerdo los dientes,
la herida me sabe a la sal de la sangre sabia.
Aprieto la cara y me entrego
a una arruga en mi frente inusitada.

> Entre el dolor y el olvido,
> no lo dudo ni lo olvido: el dolor.

Puedo aguantar sin respirar un minuto más,
reniego para mis adentros del aire tibio
y me alumbra un destello imposible.
Todo se tambalea, el suelo, todo,
huyen las aves, los reptiles ciegos.

Cierro los puños, muerdo con mis dientes
un último bostezo y, entonces,
me lanzo al asalto con pies ligeros.
Baten la tierra huracanes metálicos
y un griterío que casi no levanta polvo.
Extiende su bruma el crepúsculo último
del día por el campo de batalla,
abocado al desierto como un aliento podrido.

> Pude elegir una vida larga y plácida,
> noches en lechos de sábanas blancas,
> sacar al alba a pastar el ganado,
> posar mis suelas en suelo de mármol.

La muerte abre paso a la eternidad
derribando las puertas de lo cierto.

Y no son posibles ahora conjuros
ni un humo de escapatoria en la playa.
Arden las naves de ceniza gris
revuelta entre cadáveres sin aire,
mástiles rotos y velas rasgadas.

La muerte viene con los ojos vueltos
y las manos en los bolsillos.
La muerte viene perfumada,
dispuesta a cumplir su promesa.

Entre este dolor y la muerte,
no lo dudo ni me duele: la muerte.

Y si tiene que ser, sea de frente.
Ojalá, con mi último aliento, abrace
la aldaba de los ojos de la muerte,
aunque se tenga que cubrir de barro
el suelo de mármol del palacio;
o mendiguen mis ovejas al alba
y yo repose para siempre
en lechos de arena del tártaro.

Hablar del tiempo, así, sin más,
como de una circunferencia líquida,
no de las formas que alcanzan el mármol,
la arena, el agua en la clepsidra
o los contornos de los árboles a lo lejos.

Hablar de mis dos viajes a París,
aun sin estar enamorado,
como aconsejan las agencias matrimoniales
y las guías de viaje de internet.

De secretos alumbrados, domésticos,
y no de la sangre que brota
y sigue brotando bajo las vendas.
De una vez, creo recordar,
aunque quizá fue en sueños,
que bajé al infierno, pero iba solo
y por eso no puedo demostrarlo.

Hablar de un día y de otro día,
como si la vida fuera una suma
y no un viento anacrónico y terrible
que dispara a matar.
Eso es peor
que acogerme al silencio
líquido de la inicial de tu nombre.

ERES TÚ QUIEN DICE QUE LOS AMORES
eternos no pueden existir,
que tarde o temprano dejan de ser
topos deslumbrados bajo la espalda
y vuelven a sus madrigueras.
Dices: «Tres años como máximo»,
como quien augura la vida a un sano terminal.

Caminamos junto a un arroyo seco
y una bruma baja de árboles viejos.
Quieres sonreír, pero te alcanza la expansión
ondulante de la tarde de otoño
y tengo que prestarte mi bufanda de cuadros.

La enroscas en tu cuello y solo entonces
liberas una tímida sonrisa,
como hacen quienes no pueden saber
cuánto duran los amores eternos.

Ves chopos que atrofian de huracanes el sendero
del color del asfalto, roto, sigiloso y pálido,
pero en ellos palpita un microcosmos erguido
en el espasmo verde de su savia vital.

Entre las piedras intempestivas del arroyo
resuena el discurrir de seda de un agua acróbata,
tan viva de memoria como exenta de espuma,
pero fluye, aunque es solo un largo caudal de viento.

Te abrazas a mi cintura
y compartes conmigo mi bufanda de cuadros.

Dices que la eternidad es un instante
frágil y suspendido de verdad,
que no es tiempo, sino aliento de tiempo,
que no es recuerdo, sino un pulso nuevo.

PUEDO VERTE DESNUDA, DE ESPALDAS, CUANDO QUIERO,
ver el giro de cuello con que, a veces, de lado,
me miras y esbozas tu sonrisa de llama y sabia.

Me hago grande en esta penumbra,
doy conmigo en el surco
que deja mi dedo en tu cuerpo,
en tu boca insistente, repetida,
en tu pecho abierto, que existe
en la medida en que existe este verso
y su narcótica extensión.

Como al humo del hogar en las noches de invierno,
así te toco, igual que en un latido
se sabe el alma o el amor cierto.

A veces me dejo volar tan alto,
tan alto, que me sorprendo a mí mismo
y me digo que mi yo y todo
somos un Ícaro absurdo y excesivo.
Entonces me ensancho y apago el flexo de mi mesa,
y soy libertad y un yo desbordado,
o viceversa.

Y me siento como aquel grito
que lleva implícito tu nombre verde
y frondoso, como aquel grito, libre,

como la ingravidez, levitar, cerrar los ojos,
girar una y otra vez en mis adentros.

A nadie le debo tu amor ni su explicación,
ni a mí ni a ti ni a mi espejo de cera
ni al cráter que tu ausencia abre en mi colcha.

Esta mañana no apunta colores
ni luces ni direcciones.
El aire se mueve, nadie lo duda
—esa es la única verdad que enuncian las veletas
en sus tránsitos asimétricos—,
pero sé que no puede respirarse.

Maquilla el óxido mis piernas
detrás de la ventana.
Mienten a gritos los truenos cercanos,
los reales y los ficticios,
como desagües que arrastran polvo de cristal.
El cielo es una porción de mi sábana:
blanco, vertical, ciego,
abandonado antes de las espigas
y de las espirales.
Se parece a mi espera entumecida.

La calle añora tu espejo un instante,
se rompe sin gente todavía en las aceras
y, como los borrachos,
debajo de los maltrechos árboles metálicos.

De la noche viscosa sobreviven
las pálidas flores de las adelfas
y su vena descomunal y fría en la avenida
que lo riega todo con su veneno.

Sueño II

Un sueño estalla en la noche y en la pared.
El norte es una ilusión de los ojos,
no de las estrellas. Un ruido,
que no es tiempo ni son pasos, escolta
otro intento de fuga en la persiana.

Nada existe como ha existido todo
hasta ahora.
Con los ojos cerrados
tú me pasas la mano por la espalda
y te levantas.
Respondiendo a todo,
esparces risas rojas, como el viento
amapolas en un campo de trigo.
Eso es todo. Después, el frío
y las manos con las palmas al cielo.

Pero, aunque el pasado
y, en consecuencia, la vida, no es más
que el rastro de un gato que camina solitario,
prefiero mil veces vivir
el sueño de este silencio postizo
a la mañana que me torna en nada
y, a tu eco, en una arruga en la almohada.

El suelo ajedrezado de mi cuarto
hierve aguijones de alacrán.
El futuro es tiempo ilegal que acampa en los labios.
No existe el cuerpo, pero sí el dolor
de la tierra y del aire que se pierden.
AHORA SABES LO QUE SIGNIFICA
que todo se ha acabado,
que apenas queda tierra debajo de los pasos.

El Gólgota, tú, dos ladrones a tu lado,
golpes de martillo
sobre tres cabezas de sendos clavos
y una turba que grita ciega.

No hay espacio donde poner los ojos,
ni aliento ni mirada ni sangre.
Eso significa que todo se ha acabado.

Algo ocurre, alguien viene y te rompe las piernas
y descubres que eran ellas,
no el aire, el motor de tus pulmones,
que sin los pies en la tierra que te yergue
te asfixias, no respiras.
Y descubres
que una lanzada en el costado
vierte la última agua amarga.

Eso significa. Todo se ha acabado.

Que una tormenta que ni siquiera es real,
sino una profecía antigua,
revierte tus huellas,
engulle el paisaje. Y bebes vinagre.

Y entonces quieres decir
algo grave e importante
porque sabes que es el final,
algo como «todo se ha acabado»,
pero no te sale porque ya no hay aire.
Y callas. Y te callas. Y agachas la cara.
Y forman engendros de llagas
las palabras en tus fauces abiertas.
Te sientes no solo abandonado;
condenado, exiliado, despojado.
Y sin que nadie lo sepa,
porque ya es imposible decirlo,
todo se ha acabado.

Eso es lo que significa.

Diciembre. Cinco. Réquiem. Un abrazo
que se da y no se explica ni se llora.
No halla el verbo lugar a su conjura.
El viento arrecia y reparte silencios.

La palmera azotando la ventana,
el cielo gris, vano y desencantado.
Solo se explica el tiempo si es de espera,
de otro modo no existe ni se muestra.

La mañana miente como un relámpago
para quebrar la casa y derribarla.
La muerte nos sorprende cara a cara.

Todo lo que ocurrió desde siempre,
humo, blanca espuma, copa vacía,
existió para ahora no ser nada.

Hay barcos que buscan ser mirados para poder hundirse tranquilos.

Federico García Lorca
Poeta en Nueva York

Levanto la mano y agito
un pañuelo pálido que devoran
el mar gris, la bruma baja, la gruta
inapelable que es el horizonte.
Grito. Quizá vaya a morir y grito,
y convierto mi alarido en la cresta
erguida de una ola que no rompe.

Sabía que mi destino no era un puerto
sino el mar, oscuro y de vino ignoto,
y me arrojé con mi barca de goma.
No me asusta la muerte ni me aflige
la sangre o el dolor, sino el olvido,
como al guerrero.

Si me escucharas, si tú me escucharas.
No entenderías que mi grito
quiere ser el coro azul de tu canto.

Tú contemplas el mar desde la orilla
y ves un hermoso atardecer de seda blanca.
Las olas, a la vuelta, abrazan
tus pies breves de hierro a la arena codiciosa.

Grito.
Las olas que no llegan a la playa no existen.
No me asusta su eco incongruente.
Ahora solo quiero que se aferre mi voz
a este mapa reseco y yerto
que la sal traza en lugar de venas en mis brazos,
y que el aire menguante del final del día,
con la caricia de esta bruma falsa y ajena,
me escolte hasta la muerte y en ella me deposite.

Te eximo de este año de nieves.
Tú no tienes la culpa de este bosque,
del lobo solitario, de este lago
traicionero y frágil como un suspiro.

Nada en torno a tu mesa es cierto
como yo quiero, al menos, que sea cierto:
el paño que la cubre,
el calor de la estufa,
la posición de tus piernas, tu espalda
que una vez fue un descuido transparente,
o tus palabras de vapor al aire húmedo.

Y no te culpo.
Son los hechos y no puedo cambiarlos.

Como el cristal quebrado exime al viento
o el pecho enfermo al oxígeno que lo asfixia,
yo eximo tu mirada firme de mis sueños de agua.

Nada de lo que digas será utilizado en tu contra,
ni nada de lo que hagas.
No, tú no perteneces
a esta nieve ni a este noviembre.
No eres tú quien tiene la culpa,
sino la huella fractal de mis pies insolventes.

Nunca sabrás que te amo.

Nunca sabrás que, a pesar de mí mismo,
he logrado superar el pudor
de pensarte y pensarte cada rato
como una desbandada de pronombres audaces.

No, nunca sabrás que, en mi contra,
he buscado en mis ruinas olvidadas
cómo construir un pensamiento tuyo
nocturno, bello y luminoso
como el reflejo quebrado de un faro en las olas.

Nunca vas a saber que, muchas veces,
he pronunciado tu nombre bendito en silencio,
silbado a la fronda de selvas opacas,
como ahora; y otras, alejado y solo,
en las cumbres nevadas de los montes,
lo he susurrado a la tierra o de espaldas al cielo.

No sabrás las veces que he deseado
besar, más que tus manos o tus labios,
tu hígado, tus vísceras, tu cerebro,
y meterme dentro de la sombra retorcida de tu pelo.

Porque todo esto me lo guardo.
Por eso sé que nunca sabrás que te amo,
porque, fuera de este verso,
en ningún sitio voy a declararlo.

Y aunque así fuera y esto cayera en tus manos,
me he cuidado de revelar
enciclopedias, lugares recónditos,
tiempo, olores, elaborados bosques,
temblores de voz, rincones descatalogados,
y, sobre todo, he evitado decir
cuál es mi hora favorita del día.

Prefiero que estés siempre,
que seas tierra, honda raíz, madera,
presencia real de azucena dulce
o el resto sostenido de una noche en tu rostro.

Prefiero que tus pasos sean ciegos
que huyen, y que tú seas quien eres,
sola, nítida, real, nadie más.
Que en ti claudiquen todas las opciones
y, aunque me desangre, que nada que no es sea.
Sí, aunque nada exista, ni tú
ni mi yo infeliz y contradictorio,
prefiero que estés siempre.

Porque si tú estás, sé qué soy y quién eres,
el lugar que ocupas, el tamaño de las cosas,
las fronteras donde todo termina.
Si tú estás, eres mirada de sombra,
no sueño ni memoria de una mirada elíptica.
Si tú estás, no busco en mi mente
un azul aritmético, infundado,
ni te veo alta ni blanca ni clara,
ni tu sonrisa franca.

Y el torbellino que fue espejo acuoso
de esta llamarada, si estás, se amansa
como el humo adiestrado por el alba.
Decrecen los ríos y los caños subterráneos.

Las olas, las tormentas galopadas
que arreciaron los bordillos de mármol
se calman y otra vez vuelven a ser
solo agua.

Eurídice desapareció como se apaga
una vela. Sentí solo un chillido,
como de un ratón que escapa.

Cesare Pavese
Diálogos con Leucó

ORFEO I (O SUEÑO III)

Había puesto ya un pie bajo la misma luz, lo sé
porque vi que su sombra proyectaba
las formas impacientes de mi lira
y su música redentora.

Se había disipado casi del todo el eco
de las pisadas sobre las hojas amarillas
en las paredes del averno,
como, tarde o temprano,
se desvanecen las cuentas de los condenados
que llevan su muerte en el calabozo.

El exterior eran los vientos huecos
de una pesadilla fría en la cara.
Cayó la primera nevada postolímpica sobre el monte.

Me volví pensando que la traía conmigo,
pero solo era humo y un chillido largo
perdido entre las rocas estridentes,

antes de ver sus ojos.
Su vestido blanco no perduró,
ni su belleza de ninfa suelta ni su danza.

Me engañaron el dios de la noche y sus secuaces;
gritaban a mi alrededor espectros sin alma.

Mi lira curva fue su coartada
para hacerme creer
que los amores eternos existen
en medio de la selva,
o cuando un amante habla
y el otro le responde.

Pero ya era tarde y su voz
se había vuelto piedras grises,
sus oídos cerrados albergaban
nidos deformes de pájaros muertos,
su inconfundible frente recibió
la sentencia lapidaria del mármol.

Supe entonces que no la salvaba a ella
ni me salvaba a mí.
Que me esperaba el prado donde habitan serpientes.
Entonces lo supe. Nadie regresa
nunca del mundo de las sombras
y no lo paga.

Que tú te vayas antes, si tienes que irte, oscura,
con el bolso al hombro encubierto
y con zapatos de norte preciso.

Que te vayas sin mí, sin mariposas
y sin linternas, si no te queda otra,
y dejes mendigo el eco del aire.

Pero que no sea más que ese instante,
una apariencia previa a la penumbra
dulce en los jardines y las cancelas.
Que solo sean dos horas de arena,
y los minutos, granos deslizándose
ágiles por un espejo convexo.

Y después, a las diez, a oscuras,
que todo sea verte en el salón
descalza, cotidiana, perfumada;
que todo sea mirarte otra vez,
hasta que deje de existir el tiempo
biselado, como lo conocemos,
y los dos sepamos que irte fue no irte,
sino un apunte en el suelo y en la espera
de rosas que remontan al silencio.

No sé a dónde me lleva este sendero,
pero, por tu presencia azul,
embargo mi sombra por mis pisadas.
Libero mi voz solo entre tus manos.

No sé si el pulso que me arrastra
es de auténtico amor o si es
otro fraude más de la madrugada.

Sueño que es cálida tu voz entre las sábanas.
Te hacen bella el cristal, la luna
anclada en el suelo, la niebla afuera,
mi deseo, que es la única verdad
para soportar la mañana.

A veces tienen esencia de tierra las palabras
por donde trazan sendas que afirman las pisadas.

Pongo mi mano en tu espalda aromática
de diosa sobrada de espuma;
evoco la ola hermosa de tu vida
lejana y la beso; y sangran al tiempo
las grietas de mis pies sobre el abismo.
Y aunque sé que es sueño, me arriesgo
y persigo tu horizonte de antifaz y hielo.

Vete, sueño, de mí,
si no vas a ser más que sueño.
La noche dejó en la alfombra impaciente
un eco sordo de luces azules,
un fuego turbio, concentrado,
que no abrasa ni se propaga,
un mar que no rompe en sal ni en verano.

Vete, sueño, con tu alambre de viento,
cimiento de barro, no te sostienes.
Tú nunca fuiste principio de nada.
Salvo grandes ausencias, nada surge de ti
que no acabe más que en mueca del alba.
No eres piel, labio, ojo, ni a nada sabe
el deseo de tu aliento templado.

Vete, sueño, de mí.
Eres, como el puente, mentira de agua.
Como lo que se pierde o lo imposible,
como lo que antes de existir se olvida,
tú habitas en las esquinas de viejas estampas
o en las grietas de las fotografías.

Orfeo II

Como estos granos ínfimos de cal en mis dedos,
tú apenas existes más allá de mi deseo.
Intento una caricia en una húmeda pared,
un consuelo, o el anhelo de un consuelo,
y en cuanto creo que empiezo a tocarte,
como Eurídice te esfumas, otra vez oscura.

Camino solo y contemplo en los charcos
cúpulas degolladas por neumáticos gruesos,
altas aceras que apuntan abismos,
calles que serpentean y se esconden.

Un sol cesante proyecta antagónico
una sombra escasa de hielo,
que abre la calle del oeste al centro
y, apenas se pierde, reaparece,
no acaba.

No busco una certeza en que no creo,
me sirve la sombra de un reflejo en la cueva;
me sirve creer que una vez, acaso,
rozó mi verdad tus ojos audaces;
una palabra en la que sostenerme,
como en este último son se sostienen
las cuerdas de mi lira mutilada.

Nada ha dejado a su paso el penúltimo mes,
ni un rastro efímero en el horizonte.
No parece haber transitado la tierra fría
o sobre la arena esponjosa del mar violeta.

Nada.
Tanto, que parece que no ha existido.
Nada. Dice. Aire.
La huella del tiempo no existe
más que el humo de un mapa devastado.

No existe el vaho azul
de la respiración al alba,
ni un eco que invite a pensar
en el último calor, como el huérfano piensa
el olor de su infancia en la almohada.

Nada.

Y me pregunto qué son los recuerdos,
si de verdad alimentan la vida,
si la sostienen en su existencia circular.
Me pregunto si son lo que queda de la piedra
cuando pasa el agua y lima la orilla
o solo son espuma transparente de tiempo.

Me pregunto si son un triste látigo
que traza bucles y crines rubias, galopantes,
o solo son el silbido del soplo del aire.

Juraría que se parece
este súbito olor de la mañana,
esta ráfaga precisa de viento,
que iba a pasar como siempre de largo,
pero se detiene y me toca
como una caricia borrosa y fría.

Juraría que se parece
el golpe de la lluvia en el asfalto,
las hojas que se mueven al compás
del duelo de las luces de los coches.

Todo se parece, como si fuera
aquel amanecer de aquel invierno
cuando la tierra evocó su más fúnebre aullido.

Se parece, pero no lo es.
Lo sé como se saben los trémulos recuerdos
o el reflejo de un farol en un charco.

Pero quién pudiera, ay, sentirlo.
Ojalá este tiempo fuera aquel tiempo,
este día aquel día
y este dolor aquel dolor
tan de verdad, no esta sombra absorta y confundida.
Demasiado pronto se desvanece
esta dócil nostalgia.

Habrá de pasar, al menos, otra mañana de espera,
el desconcierto de otra noche en vela,
otro enjambre de abejas.

Demasiado pronto se desvanece este falso día
de este febrero falso
de este otro año que declara espejismos,
vientos de cristal, lluvia a plazos.

Ojalá un silencio de aire o un bostezo,
ojalá un instante fugaz de ensueño
por esas lentas carreteras largas
a ciento veinte kilómetros hora.

Ojalá, en la ventanilla tintada,
el reflejo azul de tu aburrimiento,
la ilusión de un oasis en tus gafas,
el agua de un desierto agazapado.

Ojalá te engañe la tarde y oigas
a los pájaros bramar en los árboles,
el rugido gris del agua de un río
o el viento en la noche vuelto violento.

> Ojalá, digo. Pero no.
> No hay en tu camino carreteras somnolientas
> ni miradas perdidas
> ni viento ni tedio ni espejo
> ni palabras aladas que te tengan despierta.
> Los ríos son solo serpientes que huyen
> por debajo de los puentes veloces.

Tú no entiendes el sentido de mis versos,
tú sabes mejor que yo por dónde andas.
Tus pisadas son de tierra y de balanza,
mis palabras se desinflan en el tiempo.

Ha nevado toda la noche
una nieve invisible y serena
que ha llegado intacta a la mañana,
también sin prisas.

El alba y la luz gris de la intemperie
han revelado el alcance del fenómeno atmosférico
y descubro ahora que lo blanco cubre el parque,
la belleza aparente del tiempo detenido,
la tierra y la hierba invisibles,
la vereda oculta a los paseantes,
los juegos de los niños,
un elenco impreciso de secretos
en los brazos de hierro de los bancos
y cien ojos de palomas absortas.

Pero en contra del cristal de la noche,
y de la pared de la alcoba, veo
que el blanco extenso es conjunción, racimo,
que aviva colores esta nevada...
y que hay un augurio numérico, cierto
de eternidad en el contorno roto.

Lo graba todo la nieve en su lienzo
y luego rebosa el borde del tiempo.

Tu paseo matinal por la orilla
de un río azul de cielo engrandecido;
el vaho que exhalan los chopos fríos
que encuentran cobijo en tu gabardina.

Ese frágil amago de lo eterno,
que no ve nadie en el parque desierto,
cálidamente, se me impone dentro,
como un consuelo a este largo estar solo.
Y sin dudar, basta que alces la mano,
sin dudarlo, allí apoyaría un lado,
aunque fuera el más breve de mi cuerpo,
aunque fuera el más lejano a mis labios.
En ti.

ÍNDICE

Lo de menos son los ojos abiertos 11
Sueño I.. 13
He venido a contemplar el largo atardecer 15
¡Ah de la casa! Nadie me responde.................................. 17
Prefiero este otoño conciso 19
Las farolas jadean y se ahogan 20
He visto que en Ciudad del Cabo 21
Tu espalda, aparentemente feliz 23
Gira el ventilador en el techo, sigiloso 24
En esta isla desierta no hay palmeras 25
Tú. Quiero que tú seas solo tú 27
Aquiles, el de los pies ligeros 28
Hablar del tiempo, así, sin más 30
Eres tú quien dice que los amores 31
Puedo verte desnuda, de espaldas 33
Esta mañana no apunta colores 35
Sueño II 36
Diciembre. Cinco. Réquiem. Un abrazo 39
Levanto la mano y agito 40
Te eximo de este año de nieves 42
Nunca sabrás que te amo 43
Prefiero que estés siempre 45
Orfeo I (o Sueño III) 47
Que tú te vayas antes, si tienes que irte 49
No sé a dónde me lleva este sendero 50

Vete, sueño, de mí 51
Orfeo II 52
Nada ha dejado a su paso el penúltimo mes 53
Juraría que se parece 55
Ojalá un silencio de aire o un bostezo 57
Ha nevado toda la noche 58

Este libro se terminó de editar en Granada
en julio de 2024 por

Aliarediciones

www.aliarediciones.es
info@aliarediciones.es